UN APOSTOLAT INDISPENSABLE

AU XIXᵉ SIÈCLE (1)

Sur cet abîme, creusé par les mauvaises doctrines, nous marchons les yeux fermés...

Il est certain qu'une grande partie des prêtres français ne se doutent même pas de la façon formidable dont est attaquée la religion par la mauvaise presse, les mauvais livres et l'enseignement corrupteur. Evidemment ces périls nouveaux nous imposent à tous de nouveaux et grands devoirs. (MGR DUPANLOUP.)

La lumière est la seule créature sensible qui ne se corrompt jamais. Elle ne se détériore jamais par la longueur du temps, ne s'altère jamais par l'extension de l'espace, ne se souille jamais par l'impureté des milieux. . . . .

. . . .

Voilà six mille ans qu'elle a été créée, et aujourd'hui encore elle brille aussi vive, aussi pure, aussi vierge qu'elle brilla au jour qui la vit naître. Deux mille ans ont passé sur l'Eglise, et rien n'a pu l'altérer, n'a pu

(1) Nous croyons utile d'avertir qu'on peut nous adresser des demandes séparées pour livres.

la corrompre. Les blasphèmes de tant d'impies n'ont pu la ternir, les objections de tant de philosophes n'ont pu la fausser, les vices de tant de mauvais catholiques n'ont pu l'entacher, elle n'a jamais rien perdu de sa blancheur et de son intégrité. Depuis vingt siècles ; elle rayonne dans le monde avec la même vivacité, là même virginité dont elle rayonna le jour de sa naissance.

(MGR LANDRIOT.)

Dans ces deux extraits que nous venons de citer, émanant de deux évêques distingués, il y a des réflexions à la fois terribles et consolantes. L'Eglise ne périra pas, Notre-Seigneur Jésus-Christ l'a affirmé. *Les portes de l'enfer ne prévaudront point contre elle.* La société non plus ne périra pas, parce que dans les moments de trouble, au plus fort du danger, d'illustres champions surgissent pour la défendre contre les périls.

Mais si nous lisons l'histoire ecclésiastique du passé, nous verrons qu'il y a des époques funestes où la religion a eu à subir de terribles épreuves. Des millions d'hommes, à la voix d'un Calvin ou d'un Luther, ont abjuré leurs croyances. Des nations tout entières, autrefois catholiques romaines, se sont séparées de l'Eglise universelle. Et nous ne sommes pas plus à l'abri d'un schisme, que ne l'était, par exemple, il y a quatre cents ans, la catholique Angleterre. Il importe donc au christianisme de se rappeler le passé, de lutter avec énergie dans le présent pour conjurer un avenir désastreux.

Le présent est lamentable. Nous avons contre nous des amis de l'Eglise, des hommes qui sont ses ennemis déclarés, et d'autres qui ne sont ni l'un ni l'autre.

Ces adversaires amis ou ennemis déclarés sont en grand nombre. Le chiffre des *indifférents* est considérable. Il s'augmente tous les jours, et il y a tout lieu de craindre que la presse, par la voix des impies et des *libres-penseurs*, exerçant une influence pernicieuse sur les indifférents, ne les pervertisse. Il faut lire les journaux, il faut lire les libelles ! *Il est certain qu'une grande partie des prêtres français ne se doutent même pas de la façon formidable dont est attaquée la religion par la mauvaise presse et les mauvais livres.* Et cette mauvaise presse et ces mauvais livres se propagent en raison du développement de l'instruction et du goût pour la lecture.

ÉVIDEMMENT CES PÉRILS NOUVEAUX NOUS IMPOSENT A TOUS DE NOUVEAUX ET GRANDS DEVOIRS.

BUT DE LA PROPAGANDE CATHOLIQUE

La Propagande catholique a eu seulement pour but au début de protéger les intérêts du catholicisme en propageant une pensée religieuse, le souvenir du Saint-Père, et de populariser le Denier de Saint-Pierre, afin d'assurer au Saint-Père une position indépendante à l'abri des révolutions. Aujourd'hui elle aspire de plus en plus à consolider l'édifice social, ébranlé jusque dans ses fondements, par la propagation des bons livres.

Pourquoi les catholiques ne feraient-ils pas ce que font les protestants? Une seule société biblique de Paris a déjà édité plus de VINGT MILLIONS d'ouvrages protestants; une autre a déjà dépensé plus de CENT MILLIONS de francs. Pouvons-nous rester indifférents en présence des efforts de l'hérésie?

LE PORTRAIT DU SAINT-PÈRE

Réponse à quelques objections. — On a entouré notre Œuvre d'unanimes sympathies. La plupart des lettres que nous avons reçues sont fort édifiantes. Mais on nous a écrit quelquefois : « Monsieur, je vous crois un homme d'honneur et un homme convaincu ; mais vous n'êtes qu'un laïque. »

Pour répondre à cette objection singulière, il nous suffira de résumer les paroles que nous adressait un vénérable ecclésiastique : « Vous avez du courage d'affirmer si hautement vos convictions. Il faut avoir la foi pour oser braver, comme vous le faites, à notre époque et dans votre position, l'indifférence et les sarcasmes du plus grand nombre. Cette attitude simple mais résolue d'un laïque doit produire de l'impression, même sur le cœur des impies. »

On nous a quelquefois opposé cette autre objection : « Le Denier de Saint-Pierre existe dans notre paroisse. »

Nous savons que l'Œuvre du Denier de Saint-Pierre fonctionne dans toutes les paroisses; mais nous savons aussi que, dans la plupart de nos départements, nos chères églises sont désertes. Nous nous rendons à domicile; on nous reçoit bien, nous donnons.... des portraits; mais on a la délicatesse de nous payer de retour. On vient vers nous pour nous offrir un témoignage de sympathie, une modeste offrande pour le Saint-Père.

Nous arrivons ainsi à populariser l'Œuvre du Denier de Saint-Pierre; car de tous les rangs, de toutes les classes, presque sans distinction d'opinions, nous arrivent des adhésions; et de cette façon, notre Œuvre, féconde en résultats matériels, a en outre le privilége de répandre partout les bienfaits spirituels de son apostolat.

« Un jour, raconte l'abbé Mullois (1) dans *l'Ami du jeune clergé*, nous nous trouvions à Rome dans le salon qui précède le cabinet du Saint-Père, et il en sortait un prince protestant avec sa femme. Celui-ci lui dit à mi-voix : « Ma chère, vous n'auriez » pas dû vous mettre à genoux; il n'y a que les catholiques qui » s'agenouillent. — C'est vrai; mais, que voulez-vous? J'ai été » si frappée de la majesté et de la bonté de cette figure, que je » n'ai pu m'en empêcher; ça été plus fort que moi. — C'est » égal, je le regrette à cause des gens de la suite; ils ne man- » queront pas de le redire. »

Voilà l'effet que la vue de Pie IX produit sur des protestants!

Au moins si beaucoup sont privés du bonheur de voir ses traits augustes, d'entendre sa voix paternelle, faut-il les en dédommager en faisant arriver sous leurs yeux le portrait de Pie IX.

On dit que Michel-Ange, après avoir achevé son *Moïse*, ce chef-d'œuvre de la sculpture, le considérait avec l'affection, l'enthousiasme d'un artiste qui vient de réaliser sa pensée; pourtant il ne le trouvait pas encore parfait : il eût voulu la vie... Aussi il lui jeta son ciseau en lui criant : *Parle donc!*

En considérant le portrait du Saint-Père, on serait aussi tenté

(1) M. l'abbé Isidore MULLOIS, premier chapelain de l'Empereur, membre du chapitre impérial de St-Denis, est mort le 5 janvier dernier à l'âge de 59 ans. Cet homme de bien avait travaillé avec nous à fonder l'œuvre. Sa mort a été une perte réelle pour nous. Mais Dieu a voulu récompenser son fidèle serviteur, et nous espérons que la sainte mémoire de l'ami dont nous pleurons la mort contribuera encore à nous mériter de nouvelles sympathies.

de lui crier : Parlez donc, ô Père vénéré !.... Mais son visage parle, ses yeux parlent, ses souffrances parlent, sa charité parle....

Il y a là un enseignement pour tous.

Ce portrait si frappant de ressemblance est placé à *raison de* 30 c. *l'un;* aussi espérons-nous qu'il sera bientôt répandu dans le moindre hameau, dans la plus pauvre chaumière.

Le Souverain-Pontife est le chef de l'Eglise, le successeur de saint Pierre à Rome. Or si peu connaissent leur père, si ce n'est par le mal qu'ils en ont entendu dire! Savent-ils bien même ce que c'est que l'Eglise, et ce qu'est Rome? Pour peu ils relégueraient tout cela dans le royaume de la fantaisie et de l'imagination.

Que le portrait du Saint-Père soit donc dans chaque maison : alors on connaît le Souverain-Pontife, on l'aime au moins un peu, et on se sent plus près du beau, du bon et du bien....

LA PROPAGANDE DES BONS LIVRES

MOYENS SIMPLES ET EFFICACES
DE PROPAGER LES BONNES LECTURES.

Aujourd'hui on se plaint que la mauvaise presse nous fait bien du mal par la feuille ou le livre, et c'est avec raison qu'on s'en plaint. Mais les plaintes sont stériles; il faut la combattre, et la Providence a mis pour cela, sous notre main, une foule de moyens.

D'abord chacun doit avoir chez soi une collection de bons livres à la disposition de tous, en particulier des domestiques, comme cela se pratique dans beaucoup de maisons. Puis on en donne à monsieur le curé pour qu'il les distribue au catéchisme; à l'instituteur, à l'institutrice, afin qu'ils soient distribués comme récompense : voilà un moyen de faire arriver les livres partout et de les faire aimer des parents. On en donne aux réunions d'ouvriers, d'apprentis; et les hôpitaux, ne les oubliez pas, il y a là de pauvres malades, qui s'ennuient et auxquels ils peuvent procurer la santé du corps et la santé de l'âme.

Que dire des prisons? Là on demande des livres, des livres, on lirait tout, et il y a des prisons dans chaque chef-lieu d'arrondissement.

Vous avez aussi des garnisons militaires dans votre voisinage; — il faudrait une bibliothèque dans chaque caserne. Là où il n'y en a pas, les soldats la réclament. Il y a aussi des usines, des filatures, des agglomérations d'ouvriers.

Tout cela, sans préjudice de la bibliothèque qui doit exister dans chaque paroisse. Si elle n'existe pas, il faut la créer, ou d'autres le feront, et ce ne sera peut-être pas au profit du bien.

Il est certain qu'il y a, grâce à Dieu, bien des moyens de bonne propagande, et que, si on ne les emploie, c'est faute d'y songer. Par exemple, on se plaint que les jeunes filles, après la seconde communion, se relâchent dans les pratiques religieuses, échappent à la direction des sœurs. Mais il y aurait un moyen tout naturel de les rappeler : que la sœur ait chez elle une collection bien choisie de livres intéressants, on viendra en chercher, on les rapportera : voilà un lien, un trait d'union entre la religion et les jeunes personnes; un moyen d'empêcher les rêves dangereux et la fréquentation d'endroits qui le sont plus encore.

Il faut toujours se souvenir de la parole de Pie IX : « Vous autres Français vous avez planté partout l'arbre de la science; je ne m'en plains pas; au contraire, pourvu que vous ne le laissiez pas devenir l'arbre de la science du mal, et *cela sera si la France n'est partout inondée de bons livres.* »

CONDITIONS — Portrait du Saint-Père — Denier de Saint-Pierre. — (*Voir la circulaire d'envoi de portraits.*)

Tous les ouvrages ci-après pourront être fournis au bureau de la Propagande catholique, aux prix indiqués, **et au profit de l'Œuvre.** — S'adresser à M. Augustin BOISLEUX.

Tout souscripteur à la Propagande du portrait du Saint-Père jouira d'une réduction de *cinq* centimes par gravure, mais applicable aux ouvrages par lui demandés. Ainsi *huit* portraits donneront droit pour le cas où on voudra bien nous les désigner, à *quatre* opuscules de 10 c., soit au total 40 c. — *Douze* portraits donneront droit à 60 c., *vingt* portraits à 1 fr., et ainsi de suite.

NOTA. Nous accordons exceptionnellement une réduction de 8 centimes par gravure pour le placement de cent portraits : moyen de faciliter l'établissement des bibliothèques paroissiales.

Ces ouvrages seront adressés *franco* contre un mandat sur la poste du montant du prix et déduction faite, le cas échéant, des *cinq* ou *huit centimes* par portrait. Nous accepterons également les timbres-poste, quoique d'un écoulement difficile, *et de préférence les timbres à 10 c.*

Grandes facilités de propagande pour les petits livres de M. l'abbé Mullois. — *Opuscules à 10 centimes.* — Nous offrons 100 exemplaires pour 8 fr. — 500 pour 35 fr. — 1000 pour 60 fr. — 2000 pour 110 fr. — *le tout expédié* franco *par la poste ou jusqu'à la gare la plus proche, lorsque le poids excède 3 kilog.* — Mêmes facilités et dans les mêmes proportions pour les opuscules à 5 c., 15 c., 20 c. et 30 c. == Ainsi, on reçoit pour 8 fr. et *franco* la valeur de 10 fr. — pour 35 fr. et *franco* la valeur de 50 fr. — pour 60 fr. et *franco* la valeur de 100 fr. — pour 110 fr. et *franco* la valeur de 200 fr.

BIBLIOTHÈQUE DE TOUT LE MONDE

Sous la direction de M. Augustin BOISLEUX,
Directeur de la *Propagande catholique* à Tourcoing (Nord).

PETITS TRAITÉS POUR LE TEMPS

LIVRES - IMAGES

PROPRES A REMPLACER LES IMAGES QUE L'ON DONNE AUX CATÉCHISMES
ET AUX ÉCOLES

PAR M. L'ABBÉ MULLOIS

Premier chapelain de l'Empereur, membre du chapitre impérial
de Saint-Denis, etc.

D'ordinaire, au catéchisme, à la classe et ailleurs, on donne des images aux enfants pour les encourager. C'est bien, si vous voulez, l'intention est bonne ; mais, hélas ! souvent ces images sont mises de côté ou même lacérées, et alors elles ne profitent à personne.

Pour remédier à cet inconvénient, M. l'abbé Mullois a composé une série de petits livres qui portent le nom de *Livres-Images*. Ces tout petits livres sont à très-bon marché, et dans chaque petit livre il y a au moins deux gravures.

Les images seront pour les enfants, le livre pour les parents ; qui sait même s'ils ne le feront pas lire par l'enfant pour s'assurer de ses progrès ? Dans chaque petit livre se trouvent réuni, groupé, tout ce que l'on peut désirer de plus saillant sur une vérité, un devoir, un préjugé, etc. La chose présentée ainsi d'un seul trait, dans un volume très-court, fait plus d'impression; inutile de dire qu'il y a des exemples, beaucoup d'exemples. Enfin les gravures l'expliquent aux yeux. Voilà un moyen très-simple, très-facile de faire arriver partout, dans la mansarde, dans la chaumière, quelques idées saines. Ces livres, étant des récompenses, en auront plus de valeur, et cet enseignement restera dans la famille. Ce sera pour chaque maison un fonds, un commencement de bibliothèque; aussi on ne sait le nombre de ces petits livres qui s'en vont partout.

1 Au moins à Pâques humblement. . . . . » 10
2 Manière de s'attrapper soi-même. . . . » 10

LIVRES DE RÉCOMPENSE

(2ᵐᵉ série)

PAR M. L'ABBÉ MULLOIS.

	Total de la série.	7	65
	Avec réduction .	6	»

LIVRES DE PROPAGANDE

PROPRES A FORMER DES BIBLIOTHÈQUES PAROISSIALES ET DES BIBLIOTHÈQUES PRIVÉES,

ET A ÊTRE DONNÉS EN PRIX DANS LES ÉCOLES ET LES PENSIONNATS

Histoire de la guerre d'Orient. 1 vol. in-12.   1 50

Histoire de la guerre d'Italie. 1 volume grand in-8°, illustré. 1 50

Il n'y a pas d'enseignement plus utile pour nos populations que l'enseignement de l'histoire. Dans ces faits actuels, vivants, dramatiques, elles peuvent apprendre tout ce qui doit faire l'homme de dévouement : la foi, la patience, l'amour de la patrie, la constance dans les revers, la modération dans le succès.

Histoire de la Révolution française. 1 v. in-12. 1 50

Les scènes révolutionnaires bien présentées contiennent de grandes leçons pour le peuple. Elles lui montrent où mènent la violence, les passions, les excès de toutes sortes; elles réveillent dans son âme les instincts généreux et lui font redouter l'anarchie.

Histoire populaire de Napoléon Ier. . . 1 »

La mémoire de Napoléon est essentiellement populaire; le peuple aime tout ce qui le touche; il lit sa vie avec enthousiasme, et il est fortement frappé en voyant à la fin le puissant témoignage que ce grand génie a rendu à la religion.

Pensées d'Humbert sur les grandes vérités de la religion. 4ᵉ édition, in-12. . . . . »

Le peuple, une fois instruit de la religion, a besoin d'être remué profondément, d'être protégé contre les mauvaises passions par les grandes vérités de la foi. Les Pensées d'Humbert sont faites pour satisfaire à ce besoin des populations. On y a retranché les passages qui seraient sans but aujourd'hui. Chaque chapitre est également suivi d'un trait qui en rend la lecture très-attrayante.

La Doctrine chrétienne] de Lhomond. 14ᵉ édition. in-12. . . . . 1 »

L'une des plaies de la France est l'ignorance de la religion chez le peuple et ailleurs ; nul ouvrage n'est plus propre à la bien faire connaître. Cependant ce livre est quelquefois très-sérieux et exige une certaine contention d'esprit. On a donc retranché les passages et les comparaisons qui ne seraient pas à la portée du peuple, et à chaque chapitre on a ajouté un trait qui l'explique et le confirme. Nos populations aiment les *exemples* et les *histoires ;* elles acceptent volontiers un chapitre de dogme ou de morale, pourvu que l'*histoire* vienne à la fin.

Le Livre des habitants des campagnes. 1 vol. in-12. . . . . 1 »

La Charité et la Misère à Paris. — Contenant la Charité chez les artistes et les hommes de lettres, la Charité dans les institutions religieuses, la Charité chez le peuple. 1 »

La Charité et la Misère à Paris. — Deuxième ouvrage, contenant, 1° la Charité chez le peuple, le Pauvre assisté par un autre pauvre, la Mère Gabry, etc.; 2° la Misère, la Mère et la Fille, Deux Femmes autrefois riches réduites à habiter un dessous d'escalier, Une Histoire de chiffonnier, Logement des chiffonniers, Restaurants des chiffonniers, Baptême et Première Communion, Mœurs et Coutumes des chiffonniers, la Mère Marré et le Père Moscou, etc. . . . . . . 1 »

Le Génie du christianisme, par Chateaubriand. 1 beau vol. in-12.. . . . . . . 1 50

Dictionnaire des plantes médicinales, par le docteur Thierry de Maugras, médecin principal dans l'armée. 1 vol. in-32. . . . . » 50

Itinéraire de Paris à Jérusalem, par Chateaubriand. 1 vol. in-12. . . . . . . 1 50

Encyclopédie populaire, publiée sous la direction de

MM. Mullois et Hervé, et avec la collaboration de MM. Rambosson, rédacteur de la *Science pour tous*; Barnabé Chauvelot, ancien rédacteur du *Messager de la semaine*; Paul Leconte et des écrivains les plus remarquables; 2 beaux vol. gr. in-8° sur 2 col. Prix des deux volumes brochés. . . 10 »

L'*Encyclopédie* forme deux beaux volumes de plus de 1,200 pages. Cette édition, qui est la moins chère de toutes, a été revue et complétée par MM. Mullois et Hervé.

Une Vie de saint pour chaque dimanche. 1 vol. in-12. . . . . 2 »

Le Dimanche aux classes élevées de la société. 1 vol. in-18. . . . . . . » 75

Nouveau Recueil de traits édifiants. 1 v. in-12. 1 »

Lectures et Prières à l'usage des gens du monde. 1 vol. in-12. . . . . 1 50

Histoire de saint Vincent de Paul. 1 v. in-12. 1 50

Histoire de l'Eglise. 1 beau vol. in-12. . 2 »

Manuel de charité. 1 vol. in-12. . . 1 »

« Je recommanderai vivement votre excellent livre à toutes les associations pieuses de mon diocèse et aux âmes qui se vouent aux bonnes œuvres; je le recommanderai à tout le monde, parce que je suis convaincu, comme vous, que c'est la charité qui nous sauvera, qu'elle seule peut guérir les grandes plaies sociales.

« FRÉDÉRIC, évêque d'Autun. »

(Extrait d'une lettre adressée à l'auteur par ce prélat.)

Nécessité et Manière de propager les bonnes lectures. 1 joli vol. in-12. . . . 1 »

Dictionnaire historique et critique des athées, des libres penseurs, etc., par M. Collin de Plancy. 5 »

Il n'y a pas d'athées, mais des égarés qui singent l'athéisme et qui s'efforcent de se faire athées.

C'était faire une œuvre utile, en même temps qu'extrêmement curieuse, que de publier un *Dictionnaire*, où on les voit tous défiler les uns après les autres, depuis les plus grands jusqu'aux plus petits, avec leurs doctrines et leurs actions. L'auteur y expose dans une foule de détails intéressants comment vivent et comment meurent les athées. Son ouvrage est une vaste encyclopédie qui embrasse les athées de tous les temps, depuis et même avant Aristote jusqu'à Jean-Jacques Rousseau Voltaire et les libres penseurs de notre époque.

Les Grands Modèles de charité. 1 superbe volume grand in-8°, illustré de magnifiques gravures, très-propre à être donné en prix d'excellence.   8   »

LIVRES SPÉCIALEMENT DESTINÉS AU CLERGÉ
PAR M. L'ABBÉ MULLOIS
Chapelain de l'Empereur.

Manière de prêcher en ce temps-ci : conseils et sermons.   2   »

Nouveau Recueil d'instructions et de prônes, pour le Carême, Mois de Marie.   .   .   .   2   »

Année 1867 de l'Ami du jeune clergé. 1 très-gros volume in-8°.   8   »

Année 1868 de l'Ami du jeune clergé.   8   »

Année 1869 de l'Ami du jeune clergé.   8   »

Industries du zèle sacerdotal. 2 jolis volumes in-12, à 1 fr. 50 le volume, ci   3   »

Retraite pour la première communion. 1 beau vol. Elle est complète; on y trouve : discours pour le jour, pour la rénovation des vœux du baptême et pour la persévérance.   1   50

COURS D'ÉLOQUENCE SACRÉE
POPULAIRE
5 beaux volumes in-18 jésus
12e ÉDITION

(On peut les prendre séparément.)

Les cinq volumes : 12 francs *franco.*

Pris séparément : les 1er, 2e et 3e volumes, **2** francs chaque; — les 4e et 5e, **3** francs chaque.

A notre époque pervertie, la religion seule peut nous sauver. Ce qu'il importe surtout en face de tant de tribunes ouvertes au mensonge et à l'erreur, c'est la propagation de la vérité. Il faut la répandre dans les masses, afin de les éclairer, de les ramener dans la voie du bien et de les y maintenir.

L'auteur du Cours d'éloquence sacrée populaire s'est proposé, dans le premier volume de son ouvrage, d'enseigner les moyens d'arriver sûrement au cœur du peuple par la persuasion, par l'affection : moyen infaillible d'être écouté.

Le deuxième et le troisième volume du Cours d'éloquence sacrée apprécient les grands mérites de la religion, sa beauté, sa divinité, sa véracité, etc., et demontrent dans un langage simple, pittoresque et persuasif l'utilité de la pratiquer, le bonheur que l'on en ressent. Ce sont des instructions toutes d'actualité, en rapport avec les besoins de notre époque.

On trouve, dans le quatrième volume, des sermons et des instructions pour les dimanches et les fêtes de l'année.

Le cinquième volume est une véritable théorie sur la manière de parler au peuple, applicable à toutes les circonstances, au catéchisme, au prône, dans les réunions de charité, etc., etc.

AUTRES OUVRAGES DE DIVERS AUTEURS

Sa Sainteté Pie IX, biographie in-8° avec grand et magnifique portrait.   .   .   .   .   .   .   1 »

—   —   biographie in-18. .   .   » 35

Centenaire de Saint-Pierre et le Concile général : instruction pastorale à son clergé par S. E. Mgr le cardinal Henry-Edward Manning, archevêque de Westminster, suivie des trois bulles de S. S. le Pape Pie IX, relatives au Concile. — Ces pages, écrites par un homme éminent autrefois anglican et devenu maintenant une des plus grandes gloires de la religion catholique, ne manqueront pas d'intéresser au plus haut point non-seulement le clergé, mais encore les simples fidèles. — Brochure in-12 de 74 p. (contenant la matière d'un in-8°).   » 40

Annales de la Papauté, bulletin des Œuvres pontificales, publiées sous les auspices et avec l'approbation de LL. EE. les Cardinaux-Archevêques de Lyon et de Bordeaux, de LL. GG. les Archevêque et Evêques d'Alby, d'Orléans, d'Autun et de Rodez. — Quatre douzaines de Portraits donneront droit à un abonnement d'une année à ce recueil mensuel (formant à la fin de l'année un beau volume d'environ 400 pages). Prix séparé et sans réduction possible. 2 50

Le Quart d'heure. — M. l'abbé Layet, missionnaire apostolique, chanoine honoraire de Fréjus et d'Alger, veut bien aussi nous envoyer ses encouragements et nous faire connaître qu'il consacre une édition entière d'un de ses opuscules au Denier de St-Pierre ; et ainsi *chaque placement de douze* Portraits du Saint-Père donnera droit à la réception *franco* du Quart d'heure de solitude suivi de la Manne sacrée. — Ce petit ouvrage (in-18, de 270 pages), dont l'originalité rehausse l'intérêt, s'adresse à tous, sans distinction de rang ni de science. » 75

Histoire de Pie IX et de son pontificat, par M. Alexandre de Saint-Albin. 2 beaux vol. gr. in-8°, imprimés avec caractères elzévirs sur papier vergé, et ornés du portrait de Pie IX. . . . . 10 »

Le Pouvoir temporel, par l'auteur du Quart d'heure. . . . . . . » 50

<hr>

BIBLIOTHÈQUE DE L'ENFANCE

Petits romans de 100 à 150 pages
vendus **25** c. le volume.

Le Coin du feu. 3 vol.

Le Bon Fridolin. 2 vol.

Les Gnomes, féerie imitée de l'allemand.

La Chaumière irlandaise; imité du chanoine Schmid. 2 v.

La Corbeille de fleurs. 2 vol.

Josaphat; imité du chanoine Schmid. 2 vol.

Barthélemy, ou le Pâtre devenu missionnaire.

La Chartreuse; imité du chanoine Schmid.

La Rose de Rome. 2 vol.

L'Enfant prodigue.

Le Pèlerinage.

Les Fruits d'une bonne éducation.

Les Deux Frères; imité du chanoine Schmid.

La Vallée d'Alméria; imité du chanoine Schmid. 2 vol.

Le Charbonnier de Valence.

La Maison du peintre.

L'Ecole de la pauvreté.

Stanislas et Bronislava.

L'Orphelin du Tyrol.

Bauduin, ou la Housse.

Le Verre d'eau; imité du chanoine Schmid.

Le Lis de la vallée.

Richesse et Pauvreté.

Les Etrennes du grand-papa; imité du chan. Schmid.

La Tire-lire.

Taurino, ou le Joueur.

Adelmar le Templier.

Vie de S. Louis de Gonzague, modèle et patron de la jeunesse.

La Nuit de Noël.

Les Vacances.

Le Vendredi.

Le Vieux Château; imité du chanoine Schmid.

Le Faucon.

Fravi le Chasseur.

Le Souvenir.

Le Songe.

L'Œuf de Pâques.

Rosalie de Palerme

Le Rossignol.

OUVRAGES DE M. L'ABBÉ BÉLET

HONORÉ D'UN BREF DE SA SAINTETÉ PIE IX.

La Chute du pape Honorius et la Mission de M. l'abbé Gratry.   .   .   .   .   » 50

Les Fausses Décrétales et la Tradition de l'Eglise devant les attaques de M. l'abbé Gratry.   .   .   » 50

La grande question du jour, celle qui préoccupe toute la catholicité, ses amis et ses ennemis, est celle-ci : *le Pape est-il infaillible?*

Au moment où le Concile est réuni pour juger cette importante question, l'Œuvre de la Propagande catholique du Portrait du Saint-Père, justement préoccupée des intérêts de l'Eglise et de notre bien-aimé Pie IX, a prié un de ses honorables et savants coassociés de lui prêter le secours de sa plume.

M. l'abbé Bélet, honoré d'un bref de Sa Sainteté, pour les travaux qu'il a publiés précédemment en faveur de l'Eglise, vient d'écrire deux brochures pleines d'actualité et qui ont pour titre : 1° *les Fausses Décrétales de l'Eglise;* 2° *la Chute du pape Honorius et la Mission de M. l'abbé Gratry.*

M. Gratry, à la fin du second volume de son ouvrage intitulé *De la connaissance de Dieu,* publiait la note qui suit : « Presque tous les catholiques croient, et tous admettent en pratique que le Souverain Pontife, jugeant solennellement en matières de foi ou de mœurs, est infaillible. L'Eglise néanmoins n'a pas défini ce point comme article de foi (page 418 de la 6° édition in-12, 2° volume *De la connaissance de Dieu*). »

Aujourd'hui que l'Eglise est à la veille de résoudre cette grave question *ex cathedrâ*, et de proclamer solennellement le dogme de l'*infaillibilité*, l'ancien prêtre de l'Oratoire a déclaré publiquement qu'il croyait devoir combattre l'*infaillibilité du Pape* « par ordre de Dieu et de Notre-Seigneur Jésus-Christ. »

Il était utile de répondre à cette déclaration. Le but manifeste de l'abbé Gratry a été de frapper un grand coup et de saisir l'opinion publique avec l'autorité de son nom. M. l'abbé Bélet, dont le talent et les études approfondies sont à la hauteur du conflit soulevé entre l'histoire et le concile de Rome par l'abbé Gratry, lui a répondu dans ses deux brochures d'une manière lumineuse et triomphante.

AUTRES OUVRAGES DU MÊME AUTEUR :

Pie IX est-il infaillible? L'infaillibilité du Pape devant la raison et l'Ecriture, les Papes et les Conciles, les Pères et les théologiens, les rois et les empereurs; par le R. P. Weninger, de la Compagnie de Jésus; traduit sur l'édition allemande par l'abbé P. Bélet; suivi du *Gallicanisme* réfuté par Bossuet à l'aide de textes puisés dans ses Œuvres, et mis en ordre par M. l'abbé Bélet. Un beau volume in-8º. . 5 »

La dernière partie *séparément*. . . . 1 50

Cet ouvrage a été honoré d'un bref du Souverain-Pontife.

Remarques sur les Observations de Mgr Dupanloup à propos de l'infaillibilité du Pape, par l'abbé P. Bélet. . . 1 »

Un Catholique peut-il être franc-maçon, par le baron Em. de Ketteler, évêque de Mayence; trad. par M. l'abbé P. Bélet. . . . . 1 »

Les Modèles de la jeunesse, traits édifiants et intéressants, empruntés à la vie des saints. . . 1 »

Les Trois Heures du Christ sur la croix : pieux exercices pour les vendredis de l'année, et surtout pour le carême et le vendredi saint; par le R. P. F. X. Weninger, de la Compagnie de Jésus; traduit par M. l'abbé Bélet. . » 60

Pâques dans les cieux; par le R. P. F. X. Weninger, de la Compagnie de Jésus. Ouvrage traduit de la seconde édition allemande, par M. l'abbé Bélet. . . . 1 »

Le Mois de mai : entretien sur les vertus de la sainte Vierge, par M. l'abbé P. Bélet. . . . . . 1 »

Instructions et Méditations de Bossuet pour le jubilé, accompagnées de la lettre apostolique et du portrait de N. S. Père le Pape. . . . 1 »

VENDU AU PROFIT DE L'ŒUVRE :

Guide des déclarations de succession, comprenant, avec formule pour projet et *dix-sept modèles de liquidation de droits et d'application de principes d'état mobilier et de procuration*, un simple résumé essentiellement pratique de toutes les difficultés sur la matière; par M. Augustin Boisleux, receveur de l'enregistrement et des domaines.   .   .   .   » 50

Le Frère-Ecrivain, paraissant tous les samedis par livraison de 24 pages in-8° raisin, à partir du 26 février 1870.

Ce journal poursuit une double mission qui ne peut que lui conquérir de nombreux adhérents, — et des arrangements particuliers nous permettent d'offrir un abonnement *à tout souscripteur de* **72** *portraits*. — On peut demander des abonnements en dehors des portraits. — Abonnement d'un an : **6 fr.**

NOTA. — La *Propagande catholique* accueillera et examinera avec soin les propositions que des éditeurs ou des auteurs pourraient lui faire de bons ouvrages à propager ou même à éditer.

DONS FAITS A LA PROPAGANDE :

Notre-Dame de France, Rome et Orient; par M. l'abbé Delaigue. Prix : 1 fr. *au profit de l'Œuvre.*

Le Progrès : souvenirs et impressions de lecture d'un solitaire; édité par Charles Douniol, libraire éditeur à Paris, rue de Tournon, et offert à la Propagande par l'auteur M. Drabcord-Etsilac. 1 volume grand in-12 de plus de 300 pages, magnifiquement relié. 1 50

Cet ouvrage se recommande à tout homme assez heureux pour savoir prendre au sérieux sa mission d'ici-bas comme individu, comme chef de famille, comme citoyen et comme chrétien. — C'est une œuvre de véritable actualité en présence des évènements qui s'accomplissent de nos jours, à la grande satisfaction de *ces hommes dits de Progrès*, qui oublient que le premier de nos chefs c'est Jésus-Christ, le premier de nos drapeaux la Croix, la première de nos lois l'Evangile.

Célébrités catholiques contemporaines : biographie des personnages les plus célèbres de notre temps. Un beau volume grand in-8° orné de **20** *portraits* gravés sur bois.   .   .   10   »

A cette question qui nous a été faite par un ecclésiastique : « Pourquoi ne distribuez-vous pas de grands portraits qu'on puisse faire encadrer? »

Nous répondons **en offrant à nos souscripteurs de grands portraits au prix de 85 centimes** *franco*.

Extrait de l'*Indicateur* de Tourcoing et de Roubaix
du 27 mars 1870.

Cette semaine a eu lieu à Paris l'adjudication de la *Bibliothèque de tout le monde*, fondée par M. l'abbé Mullois, premier chapelain de l'Empereur, chevalier de la Légion d'honneur, membre du chapitre impérial de Saint-Denis.

De hautes notabilités appartenant particulièrement au monde de la capitale, ainsi qu'un grand nombre des principaux éditeurs libraires de Paris, ont assisté à l'adjudication, tous payant un tribut d'admiration à l'homme vertueux, utile et infatigable qui, durant sa vie, a mis sa plume au service du bien.

Qui n'a point lu quelques-uns de ces nombreux petits volumes composés et propagés partout par le pieux et illustre écrivain?

Sous une forme simple, récréative et instructive, l'abbé Mullois cherche à moraliser l'homme. Il le rend plus honnête en l'amusant. Sa morale, exposée sous une forme enjouée et variée, n'a rien d'austère; elle arrive au cœur par l'esprit; elle plaît aux petits et aux grands, aux pauvres et aux riches, aux ignorants et aux savants. Le vénérable abbé ne pouvait choisir un meilleur titre pour sa bibliothèque qu'en l'appelant celle *de tout le monde*.

C'est M. Augustin Boisleux, directeur de la Propagande catholique à Tourcoing, qui s'est rendu adjudicataire de cette fondation importante.

Nous en félicitons l'honorable directeur ainsi que l'Œuvre qu'il dirige, et nous sommes heureux de souhaiter la bienvenue aux charmants petits volumes de l'abbé Mullois. Qu'il nous soit permis aussi de les féliciter à leur tour. Ils ne recevraient nulle part un accueil plus sympathique que dans notre ville catholique.

S'adresser directement à M. Augustin BOISLEUX, directeur de la *Propagande catholique*, à Tourcoing (Nord).

— LILLE. TYP. J. LEFORT. AOUT 1870. —